L'ABBÉ THIONS

ET

SON ÉVÊQUE.

L'ABBÉ THIONS

ET

SON ÉVÊQUE.

Credidit, propter quod locutus est.
DAVID.

LYON.

IMPRIMERIE TYPOGRAPHIQUE ET LITHOGRAPHIQUE
DE LOUIS PERRIN,
rue d'Amboise, 6, quartier des Célestins.
—
1847.

L'ABBÉ THIONS

ET

SON ÉVÊQUE.

> Credidit, propter quod locutus est.
> DAVID.

C'est au moment où Sa Sainteté le pape Pie IX donne au monde chrétien l'exemple de la plus éclatante justice, au moment où il proclame par sa mémorable amnistie que la clémence est la première des vertus d'un successeur des Apôtres, et où, par sa haute intelligence et son intime charité, il prépare la réforme de certains abus qui obscurcissent et paralysent la vraie religion ; c'est à ce moment, disons-nous, à ce moment si mal choisi, qu'un prélat français, l'évêque d'Autun, vient tout-à-coup, sans avertissement préalable, sans motif licite, de révoquer le digne et savant curé de Chânes, M. l'abbé Thions, qui, par cette mesure injuste, se trouve, à l'entrée de l'hiver, sans asile, sans état et sans ressources.

M. l'abbé Thions, dont toute la presse, sans distinction de nuances, reproduisit en 1844 la lettre éloquente à l'évêque d'Autun, est un prêtre dont un très illustre personnage nous trace le portrait suivant :

« M. l'abbé Thions, que tous les membres de
« l'académie de Mâcon connaissent comme leur
« confrère, est un homme studieux, méditatif,
« enfermé avec ses livres et ses pensées, depuis
« seize ans, dans un petit presbytère du voisi-
« nage, estimé de ses nombreux amis, vénéré
« de son troupeau ; timide, modeste, silencieux,
« recueilli en lui-même, ne recherchant, quoi
« qu'on en ait dit, ni l'éclat, ni le bruit, mais dé-
« passant peut-être par l'ampleur de ses études
« et par la portée de ses vues la routine ordi-
« naire des philosophies de campagne, etc. »

C'est ce même prêtre qui, en 1844, sommé par son évêque de signer un acte d'adhésion à un Mémoire au Roi contre l'enseignement de l'Etat, répondit ainsi à ce prélat :

« Monseigneur,

« Il y a deux choses dans ce que vous me de-
« mandez : un acte politique et un acte de con-
« science ; comme il y a en moi deux hommes,
« le prêtre et le citoyen.

« Comme prêtre, je vous suis soumis ; comme
« citoyen, je ne relève que de ma conscience.

« Je ne suis pas convaincu, Monseigneur,
« que cette manifestation épiscopale, que cet
« enrôlement d'opinions, que cette croisade de
« signatures puisse avoir de bons résultats. Cela
« a trop l'air d'un assaut à l'opinion publique.
« Elle concevra des défiances ; elle supposera
« de mauvais desseins ; elle se tiendra en garde.
« Selon moi, c'est ne la pas connaître, surtout
« dans ses tendances et ses susceptibilités, à
« notre époque.

« Ou le clergé demande la liberté d'enseigner
« les choses pour lesquelles le Christ l'a envoyé,
« ou celle d'enseigner les lettres purement hu-
« maines et les connaissances qui sortent de la
« sphère de ses attributions évangéliques.

« Dans le premier cas, j'ose dire que le clergé
« demanderait ce qu'il a déjà. Car il peut, en

« toute liberté, baptiser, catéchiser, absoudre
« et instruire les âmes au tribunal sacré de la
« Pénitence. Il peut prêcher la doctrine de Jé-
« sus-Christ dans les chaires sacrées, où il a sa
« tribune publique, son enseignement religieux,
« son droit de réfutation des erreurs qui lui sont
« contraires. Ses grands, ses petits séminaires
« lui sont laissés : dans les uns, il peut culti-
« ver, développer, diriger les vocations nais-
« santes; dans les autres, offrir un asile sacré,
« un vaste refuge à toutes celles qui naîtraient
« dans le monde, sous l'action d'une grâce vic-
« torieuse. Aucune limite, aucune entrave, au-
« cun contrôle de la part du pouvoir civil, ne
« viennent le gêner dans l'exercice de ces de-
« voirs. On peut soutenir que la voie lui est
« ouverte, large et spacieuse, devant les pré-
« ceptes de son Maître qui lui a dit : « Allez,
« enseignez aux peuples à observer toutes les
« choses *que je vous ai prescrites. — Docentes*
« *servare omnia quæcumque mandavi vobis.* »

« Dans le second cas, Monseigneur, vous me
« permettrez de penser que, sur le terrain
« commun, le clergé doit être soumis à la loi
« commune. Point de priviléges : le privilége
« est odieux; il excite l'envie, la haine, et, en
« soulevant contre les ministres de la religion

« toutes ces mauvaises exhalaisons du cœur de
« l'homme, c'est souvent contre elle qu'il les
« soulève, et à son détriment. Le clergé a-t-il
« été envoyé pour expliquer Tite-Live, Salluste,
« Juvénal, Cicéron, Homère? Sa mission cé-
« leste est-elle d'enseigner les mathématiques,
« le jet des bombes, l'excavation des mines, les
« connaissances professionnelles qui regardent
« la marine, l'état militaire, les ponts et chaus-
« sées, les chemins de fer, la magistrature?
« Non, évidemment. Apôtre de Jésus-Christ, le
« prêtre dépend de l'Eglise, autorité vivante
« de Jésus-Christ. Professeur des arts libéraux,
« des sciences humaines, des connaissances
« sociales, il peut relever, jusqu'à un certain
« point, du pouvoir social. Car, s'il est certain,
« Monseigneur, que les gouvernements ne peu-
« vent, sans compromettre l'avenir, renoncer
« de fait à toute surveillance de l'enseignement
« public; s'ils doivent craindre, à certaines
« époques, et dans certains cas, qu'il ne s'éta-
« blisse contre les tendances providentielles de
« l'opinion, contre l'unité vitale des peuples,
« un contre-courant d'idées politiques, funeste
« à la végétation naturelle de ces grands corps;
« si cette crainte donne à l'Etat un droit réel,
« et si ce droit ne peut exister sans imposer

« aux citoyens un devoir corrélatif, la consé-
« quence de ces assertions me paraît claire : je
« me crois dispensé de l'énoncer.

« Voilà, Monseigneur, les seuls motifs de
« mon refus. Je crois qu'on peut les avouer. Si
« quelqu'un en trouvait étrange, de la part d'un
« prêtre, la loyale manifestation, il ferait bien
« peu d'honneur, sans doute, au sacerdoce ca-
« tholique, en le supposant dans l'invincible
« impuissance de publier généreusement ce
« qu'il croit la vérité.

« Maintenant, de deux choses l'une, Mon-
« seigneur : ou l'adhésion que vous me deman-
« dez est libre, ou elle est impérative. Si elle
« est libre, ma conviction m'interdit de vous la
« donner ; si elle est impérative, elle n'aurait
« aucune valeur. De toutes manières donc, je
« me vois à regret, Monseigneur, obligé de
« vous la refuser.

« J'espère, Monseigneur, que vous ne verrez,
« dans la consciencieuse liberté de cet acte, rien
« de contraire à la déférence pleine de respect
« qu'un prêtre doit à son évêque. Ce serait
« pour moi, s'il en était autrement, une bien
« vive et bien sincère affliction.

« Daignez agréer l'assurance du profond res-

« pecl avec lequel j'ai l'honneur d'être, Mon-
« seigneur,

  « De votre Grandeur,

   « Le très humble et très obéissant
   « serviteur,

     « C. THIONS.

« Chânes, mardi 6 août 1844. »

Cette lettre, publiée par un journal de Mâcon, fut reproduite par les journaux de Paris et des départements. Deux feuilles de la capitale, et surtout l'*Univers religieux*, l'attaquèrent. M. Thions, par respect pour le caractère dont il était revêtu, et pour éviter toute fausse interprétation de ses opinions, dut rompre le silence qu'il s'était imposé, et fit à ces deux journaux la réponse collective qui suit :

« Nous voulions d'abord garder le silence ;
« mais se taire quand la vérité crie en nous,
« c'est un supplice pour l'esprit et un remords
« pour le cœur. Nous ne pouvions les suppor-
« ter davantage, non plus que nous affranchir
« de la reconnaissance due au public, pour l'ac-

« cueil si bienveillant qu'il a daigné nous faire.

« Nous le dirons sans détour : si nous sommes
« heureux, si nous sommes fier de quelque
« chose, c'est d'avoir trouvé nos idées en con-
« formité avec les siennes. Autrement, de quelle
« valeur eût été notre manifestation indivi-
« duelle? L'homme n'a de force que celle que
« lui prête le sentiment national. Portée sur ce
« courant, la vérité arrive vite à son adresse
« et triomphe de tous les obstacles.

« Avant de commencer, nous croyons utile
« de dire au public que si nous prenons de
« nouveau la parole dans un si grave débat,
« c'est uniquement pour la défense de notre
« lettre, et non pour celle de l'Université, qui
« n'a pas besoin sans doute, contre le géant
« qui l'attaque, de la fronde d'autrui, encore
« moins de la nôtre. Nous le sentons mieux que
« personne. Si nous venions ici apporter le
« tribut de notre zèle à la création du génie de
« Charlemagne et de Bonaparte, en compagnie
« des hautes puissances intellectuelles qui la
« dirigent, nous courrions trop le risque de
« ressembler à la mouche qui bourdonne au-
« tour du coche; et nous ne voulons pas de ce
« rôle-là.

« Parmi les journaux qui nous ont fait l'hon-

« neur de reproduire nos lettres, deux surtout
« n'ont pas craint de s'inscrire en faux contre
« l'opinion presque universelle qui les a jugées
« favorablement ; et si nous n'éprouvions pas
« plus de répugnance que les deux organes de
« l'ultramontanisme à nous écarter de la thèse
« dont il s'agit, voici la réponse que nous leur
« adresserions :

« D'abord, *l'Univers* use de tactique et cher-
« che à donner le change à ses partisans. Quand
« on n'est pas fort, il faut être fin. Il élève donc
« de la poussière sur la route de la question,
« afin de la cacher à ses lecteurs ; et, dans sa
« faiblesse dont il a conscience, il se retranche
« derrière les meurtrières de la personnalité.
« Nous n'irons pas l'y saisir. Car, que prétend-
« il en attaquant les vers par lesquels nous nous
« exercions, il y a quatorze ans? Moins nous
« aurions de valeur personnelle, plus la vérité
« de notre lettre aurait de force ; puisque, dans
« ce cas, elle ne devrait son triomphe qu'à elle-
« même, à sa vertu propre, et non pas à notre
« esprit, à notre éloquence. Ne faut-il pas, en
« effet, attribuer sa réussite à quelque cause ?
« Or, nous n'avons point pour but de défendre
« les talents que nous n'avons pas ; mais la vé-
« rité, que nous croyons avoir.

« Néanmoins, avant d'en finir avec *l'Univers*,
« il faut exposer son grand argument :

« La lettre de M. l'abbé Thions, dit-il, est
« suffisamment réfutée par l'approbation, par
« l'assentiment de toute la presse anti-catho-
« lique. » Ce qui veut dire, dans sa pensée, que
« notre lettre n'est pas catholique.

« Mais, si notre lettre n'est pas catholique,
« c'est sans doute parce qu'elle définit la mis-
« sion du prêtre et l'astreint à n'en pas sortir.
« Or, le Christ, d'après ce passage : « *Mon*
« *royaume n'est pas de ce monde,* » ne veut pas
« que le prêtre en sorte. Donc le Christ, d'après
« *l'Univers*, n'est pas catholique.

« Si nous avions plus de temps à perdre en
« guerroyant ainsi hors de la question, nous
« ajouterions que *l'Univers* se trompe quand il
« dit que les journaux universitaires mettent
« dans la balance tout l'épiscopat avec M. Thions.
« Ce n'est pas ainsi que procèdent les organes
« du corps enseignant ; et M. l'abbé Thions ne
« se dissimule point que, dans une telle ma-
« nière d'arranger les choses, il serait trouvé
« *minùs habens*, selon l'expression de l'Ecriture.
« Mais ils mettent dans un des bassins les mé-
« moires de plusieurs évêques, et dans l'autre

« la vérité de la lettre de M. l'abbé Thions, sa
« force logique : ce qui est bien différent.

« *L'Univers* ne sait-il pas qu'au concile de Ri-
« mini cinq cents évêques furent mis dans la
« balance avec une vérité, et que cette vérité
« l'emporta sur eux, puisqu'ils se trompèrent?

« Nous lui dirions donc tout cela et bien
« d'autres choses encore, si nous n'étions re-
« devable aussi à la *Quotidienne*. Cette feuille
« trouve que *c'est plus tôt fait de dire que notre*
« *lettre est absurde* (1). C'est plus tôt fait, sans
« doute ; mais la *Quotidienne* devrait savoir
« qu'une négation sans preuve est une balle
« morte : or, une balle morte ne blesse pas.

« Si la *Quotidienne* voulait prouver que notre
« lettre est absurde, elle devrait, ce nous sem-
« ble, raisonner ainsi :

« Rien n'est plus absurde pour l'erreur que
« la vérité ;

« Donc, la lettre de M. l'abbé Thions nous
« doit paraître absurde.

« Mais nous n'aspirons pas à convaincre ces

---

(1) Nous avons cru, sur la foi de *l'Univers religieux*,
que la *Quotidienne* s'était servie de cette expression ;
mais nous apprenons qu'elle doit être attribuée exclusi-
vement à *l'Univers*.

« deux feuilles; nous savons trop que, dans la
« plupart des cas, nos différentes positions po-
« litiques changent nos idées, comme les dif-
« férents points de vue, les lignes d'un tableau.

« Je suppose que la *Quotidienne*, ou le parti
« qu'elle représente; je suppose que l'*Univers*
« et l'idée de *la liberté comme en Belgique* triom-
« phent législativement, et que le monopole
« s'établisse en fait, parmi nous, au profit des
« Jésuites; je suppose que les évêques voient la
« route s'aplanir devant leurs mémoires, qu'ils
« obtiennent que la loi civile ne pénètre pas
« dans leurs établissements, et que nos deux
« Chambres votent leur triomphe sans opposi-
« tion : croit-on que, pour cela, la victoire leur
« serait définitivement acquise? Sans doute, si
« le débat réel était entre le corps enseignant
« et l'épiscopat. Mais qu'on y réfléchisse pro-
« fondément : on verra que le combat se livre
« dans de plus hautes régions: car chaque épo-
« que pose son problème résultant toujours des
« souffrances intimes qu'elle ressent dans ses
« entrailles. En admettant donc, pour un ins-
« tant, que l'ultramontanisme obtienne parmi
« nous un succès de circonstance, il arriverait
« infailliblement de deux choses l'une : ou l'épis-
« copat serait décidé, comme M. de Bonald, à

« renoncer au budget de l'Etat et à proclamer
« la liberté de conscience, ou non.

« Dans le premier cas, la discussion, la
« guerre des idées continuerait sur toute la ligne
« du philosophisme.

« Dans le second cas, il y aurait contre eux
« réaction de la pensée humaine, qui leur crie-
« rait avec Tertullien, ce Père de l'Eglise : *Prenez*
« *garde que ce ne soït préconiser l'irréligion,*
« *d'ôter la liberté de religïon et l'option de la*
« *Divinité.... Il n'y a point de Dieu qui aime des*
« *hommages forcés; un homme n'en voudrait*
« *pas.* (Apologétique.)

« Mais allons de suite au cœur même de la
« question :

« On nous dit, en premier lieu : Quel incon-
« vénient verriez-vous à ce que le clergé, sur la
« demande unanime ou en majorité des pères
« de famille, fût chargé de l'éducation ?—Aucun,
« sans doute; mais, pour cela, il faudrait trois
« choses : d'abord, que la demande fût unanime
« ou en majorité; ensuite, que le clergé dût
« consentir, malgré les exigences de sa mission,
« à descendre des hautes sphères de l'enseigne-
« ment révélé, aux régions moyennes de l'en-
« seignement littéraire et des connaissances
« professionnelles, dont il n'est guère capable;

2

« enfin , que le droit du père de famille n'infir-
« mât point celui de l'Etat : car, dans les agré-
« gations sociales, dans les communautés poli-
« tiques, si les droits des individus qui les
« composent détruisaient ceux des pouvoirs qui
« les dirigent, aucune société ne serait possi-
« ble. Cela nous semble clair. Mais ce n'est pas
« tout.

« Sans nous faire ici l'écho banal des accu-
« sations contre les Jésuites, sans nous rappeler
« que leur chef illustre, S. Ignace de Loyola ,
« fut, ainsi qu'on le voit dans Rank (Hist de la
« Papauté), de l'avis du cardinal Caraffe et du
« cardinal de Burgos, conseillant au pape d'éta-
« blir, sur le modèle de celui d'Espagne, un
« tribunal suprême d'inquisition contre les pro-
« testants; — sans invoquer contre ses disciples
« la maxime de l'Ecriture, qui prétend que l'ini-
« quité des pères doit retomber sur leurs en-
« fants, jusqu'à la quatrième génération; sans
« répéter fastidieusement ce qu'on entend dire
« partout, et souvent avec injustice, quand il
« est question de les rappeler : que ce sont des
« espèces de frêlons qui s'attribuent tout le miel
« dans la ruche catholique; je crois qu'on peut
« soutenir, sans témérité, que leur institut n'eut
« jamais qu'une vérité relative. Il est, dit le

« comte de Maistre, des propositions vraies,
« dont la vérité n'a qu'une époque; cependant
« on s'accoutume à les répéter longtemps après
« que le temps les a rendues fausses et même ri-
« dicules. La Société de Jésus, chargée, par sup-
« position, de l'enseignement des générations
« naissantes, mettrait-elle bien l'éducation du
« collége en harmonie avec l'éducation sociale?
« Toute la question est là. Il y aurait donc con-
« flit nécessaire et perturbateur entre ces deux
« éducations. Car, de penser que l'éducation
« des Jésuites s'assimilerait l'éducation sociale,
« ou que leur institut, dont l'essence est d'être,
« à toutes les époques, identique à lui-même,
« pourrait se fléchir aux nécessités de l'ordre
« civil, c'est ce qui n'est pas permis à quiconque
« a fait ses études à l'école expérimentale de
« l'Histoire. L'éducation sociale, qui se compose
« des choses que nous voyons en entrant dans
« le monde, des maximes que nous y enten-
« dons, de la profession que nous y exerçons,
« des journaux que nous y lisons, de l'air que
« nous y respirons, si je puis parler ainsi, et
« qui nous pénètre par tous les pores, empor-
« terait l'autre comme une paille légère soulevée
« par un océan de contradictions. Sans doute,
« nous ne le nions pas, l'institut des Jésuites

« pouvait avoir son opportunité, sa nécessité
« sociale même, quand l'idée catholique domi-
« nait de fait, enveloppait, transformait toutes
« les autres ; mais, aujourd'hui, il ne faut point
« se faire illusion. il serait un anachronisme fu-
« neste à l'harmonie des corps politiques. Nous
« n'en voulons pour preuve que ce qui se passe
« déjà sous nos yeux.

« On nous dit, en second lieu : Le clergé doit
« être à la tête du mouvement scientifique, car
« les connaissances révélées éclairent les autres.

« Le clergé doit être à la tête du mouvement
« scientifique ? Et pourquoi, je vous prie ? Nous
« pensons, nous, que c'est le talent. Les esprits
« d'élite, les grandes intelligences, les supério-
« rités naturelles doivent être la colonne lumi-
« neuse qui éclaire et qui guide le genre hu-
« main dans sa marche ascendante à travers les
« siècles. Dans l'ordre impalpable et intellectuel,
« dans les hautes régions de la pensée, dans le
« domaine des connaissances, le droit d'être fait
« tête de colonne nous est conféré par la na-
« ture et non par l'ordination. Est-ce l'évêque
« qui impose les mains au prêtre de la science,
« ou bien le génie ?

« *Les connaissances révélées éclairent les au-*
« *tres.* — On oublie ici ce que dit Pascal, avec

« tant de vérité, que la religion est d'un autre
« ordre. J.-C. est dans son ordre de sainteté, de
« charité, de justice ; Archimède dans son ordre
« d'invention, de démonstrations, de théorèmes.
« Ce sont deux ordres différents. Sans doute,
« on veut dire que les connaissances révélées
« éclairent la conduite morale de l'homme : *Ego*
« *sum via.* Mais ce n'est pas à leur lumière qu'on
« a découvert la pluralité des mondes, ou les
« bateaux à vapeur. Est-ce à la lueur du chris-
« tianisme que le moine Roger Bacon a inventé
« la poudre? Certes, nous osons le dire, si c'é-
« tait à la splendeur de l'enseignement dogma-
« tique de l'Eglise romaine que Galilée eût dé-
« couvert le mouvement de rotation et de trans-
« lation de notre planète, cette Eglise aurait eu
« tort de tant s'alarmer de cette découverte, et
« saint Augustin, qui était sans doute illuminé
« autant qu'un autre des célestes rayons de la
« *bonne nouvelle*, n'aurait pas vu dans l'exis-
« tence des antipodes une objection contre la
« Bible. Quand le pape actuel défend aux chan-
« celiers des universités d'Italie d'assister au
« congrès scientifique de Pise, c'est sans doute
« qu'il ne croit pas que les progrès des natura-
« listes qui le composent aient été faits à la lueur
« du catholicisme; autrement la tête s'inscrirait

« en faux contre le corps : ce qui ne peut pas
« être.

« L'esprit humain, du reste, est si grand,
« qu'il y a, pour ainsi dire, une société en com-
« mandite entre lui et la nature, qui est l'œuvre
« du Créateur. La nature fournit le fonds, l'es-
« prit humain son industrie; la nature prête
« à l'homme ses richesses inépuisables, ses
« terres, ses fleuves, ses mines d'or et d'ar-
« gent, et l'esprit humain apporte dans ce com-
« merce une idée divine perfectionnant l'ou-
« vrage de son Auteur, une idée empruntée au
« grand Ouvrier des sphères célestes, une idée
« parente et alliée de l'idée-mère et génératrice
« de toutes choses.

« Et ce qui prouve que cette terre ne suffit
« pas à sa grandeur, c'est qu'il n'est pas seule-
« ment géographe, mais encore astronome. Il y a
« dans les instincts, dans les pressentiments de
« sa pensée, un instrument de longue vue qui
« découvre et rapproche des mondes supérieurs,
« un univers intellectuel plus vaste que l'uni-
« vers sensible et plus riche de créations et de
« vie. Sphère dont le centre est partout, et la
« circonférence nulle part, l'esprit humain ab-
« sorbe en ses espérances l'infini! C'est un

« abrégé, c'est une image de Dieu ...., une for-
« mule mathématique des choses !...

« On nous dit, en troisième lieu : Dans l'Uni-
« versité l'enseignement philosophique est en
« désaccord, en hostilité permanente avec l'en-
« seignement religieux. Le catholicisme y court
« des dangers. —Que veut-on dire par là ? Que
« la Religion peut pâlir au lever de l'intelli-
« gence ? Que l'arche sainte a besoin du bras de
« l'homme pour se soutenir ? Mais vous savez
« bien que, dans la Bible, le roi qui veut l'ap-
« puyer est frappé de mort ; et Bossuet vous dit
« que la réalité n'a rien de moins que la figure.

« Dans l'Université, que se passe-il ? L'au-
« mônier enseigne la religion ; le professeur de
« philosophie, la philosophie. Si nous tradui-
« sons bien ces deux propositions, si nous les
« réduisons à leur juste valeur, elles reviennent
« aux deux suivantes :

« L'aumônier enseigne la doctrine de l'éter-
« nelle raison ; le professeur de philosophie,
« la doctrine de la raison universelle. Or, com-
« ment la raison universelle peut-elle contre-
« dire l'éternelle raison ? Cela constitue un pro-
« blème à résoudre à nos adversaires.

« Que l'enseignement de l'aumônier soit celui
« de l'éternelle raison, c'est ce qui est évident.

« Car saint Jean nous dit que le Christ était la
« vraie lumière qui éclaire tout homme venant
« en ce monde ; or, la vraie lumière qui éclaire
« tout homme venant en ce monde, c'est la
« raison. Donc, l'enseignement de l'aumônier
« est celui de l'éternelle raison.

« Il y a plus. Si l'enseignement de l'aumônier
« est ce qu'il doit être, comme nous le suppo-
« sons, nous disons que c'est impossible qu'il
« soit contredit par l'enseignement du profes-
« seur de philosophie.

« Car traduisons le christianisme ainsi qu'il
« doit l'être. La traduction fidèle nous donnera
« le grand principe de l'amour de Dieu et du
« prochain. Or, comment voulez-vous que la
« raison s'oppose à ce grand principe ? Jamais !

« Et ne dites pas que nous traduisions mal,
« que nous ne rendions pas le texte ; car c'est
« Jésus-Christ qui traduit pour nous. Ecoutez :
« —Toute la loi et les prophètes sont renfermés
« dans ces deux commandements !

« Voilà l'accord de la raison avec la révéla-
« tion.

« On nous dit en quatrième lieu : Mais il y a
« des abus dans l'Université ; on y infiltre de
« fausses doctrines. — Des abus dans l'Uni-
« versité ? Quelle institution humaine en est

« exempte? Cela va du plus au moins, et récipro-
« quement. La mer engloutit des vaisseaux, dit
« Montesquieu, et elle est pourtant utile aux
« humains. Et si je disais aux Jésuites : Etes-
« vous sans péché pour jeter la première pierre?
« Prenez garde que l'éternelle Raison, au milieu
« des pharisiens, ne se baisse en terre pour
« écrire, et que vous ne soyez obligés de vous
« en aller l'un après l'autre!... S'il y a des abus
« dans l'Université, ce n'est certes pas avec le
« ton de l'auteur du *Monopole universitaire* que
« vous les détruirez. La vérité ne prend pas le
« rôle de Thersite, mais celui d'Ulysse qui porte
« le sceptre, et qui en frappe les insolents.
« On y infiltre de fausses doctrines. — Et qui
« vous empêche de les réfuter? N'avez-vous pas
« pour cela, outre l'instrument puissant et
« commun des journaux, outre l'arme offensive
« et défensive de la presse, le droit exorbitant
« de parler en public et de porter, par les ca-
« naux de quarante mille prédicateurs, la sève
« catholique dans toutes les veines du corps
« social? Où sont les entraves qu'on vous a
« mises aux pieds, comme à saint Paul? Où sont
« les chaînes dont vous avez été chargés,
« comme saint Pierre? Où sont les feux, où sont
« les bûchers, où sont les grils où vous avez

« été rôtis, comme saint Laurent? Quoi donc!
« dirai-je aux Jésuites : afin que désormais, et
« à l'occasion de l'enseignement professionnel,
« on ne glisse rien de funeste à vos prétentions,
« il faudra qu'on vous abandonne l'école mili-
« taire, l'école de marine, l'école de natation,
« d'équitation, d'escrime, de danse, de musi-
« que, etc.? Il ferait beau voir, alors, les por-
« teurs de la *bonne nouvelle*, les successeurs de
« Paul et d'Augustin , descendus des hautes
« sphères de la mission apostolique aux mes-
« quines proportions d'un répétiteur de col-
« lége? Qu'a de commun l'enseignement de la
« théologie, cette science des sciences, quand
« elle est prise comme elle doit l'être, avec
« l'explication des fables d'Ovide ? Non que
« j'entende déprécier par là les connaissances
« humaines : loin de ma pensée ! Car, si le chris-
« tianisme a pour but de pousser les hommes à
« Dieu, le savoir n'est-il pas aussi la recherche
« et la possession de ces vérités dont Dieu est
« le terme? Mais à chacun sa part; celle du clergé
« est assez belle. Qu'il prenne garde : on court
« risque de lâcher le ciel en se penchant trop
« vers la terre. S'il est un cas, bien rare sans
« doute, où la moitié vaille mieux que le tout,
« c'est celui où nous nous trouvons.

« On nous dit, en dernier lieu, avec un évê-
« que : La philosophie de l'Université découvre
« devant les yeux de la jeunesse un avenir bril-
« lant, et lui montre le genre humain porté,
« sur les ailes de la science et de l'industrie,
« vers une ère de prospérité.

« Et puis, nous le demandons, quel mal à
« cela ? Le christianisme n'est-il pas lui-même
« un progrès sur le mosaïsme, comme le mo-
« saïsme en fut un sur les patriarches ? Avez-
« vous oublié ce que dit saint Paul : *Reprobatio*
« *quidem fit primi mandati propter ejus infir-*
« *mitatem et inutilitatem*; et ce que chante l'E-
« glise : *Et antiquum documentum novo cedat*
« *ritui ?*

« Sans doute, la religion demeure invariable
« dans ses principes fondamentaux, dans ses
« éléments constitutifs et générateurs, qui exis-
« tent dant l'éternité ; mais elle ne saurait l'être
« relativement à ses formes qui subsistent dans
« le temps. Et en voulez-vous la preuve ? elle
« sera bien simple :

« Ou les commentaires de l'Ecriture, les sym-
« boles de Nicée et des Apôtres, les décisions
« dogmatiques et disciplinaires des conciles,
« les livres de dévotion et de théologie, les
« ouvrages de piété, dans tous les genres, sont

« des livres utilement ajoutés à ceux de l'Evan-
« gile et des Apôtres, ou non.

« Dans le premier cas, il y a progrès ; car la
« satisfaction d'un besoin réel en est un.

« Dans le second cas, toutes ces additions
« seraient surperflues ; et vous savez ce que dit
« le Christ : *Omne verbum otiosum quod locuti*
« *fuerint homines*, *reddent rationem de eo in*
« *die judicii*. Et la Raison : — Quand on parle
« beaucoup sans rien dire, on mérite d'être
« condamné au silence.

« Et puis, nous vous le demandons : est-ce
« que, par hasard, vous voudriez arrêter le
« génie progressif de l'humanité ? lui jeter une
« colère ridicule ? Mais vous ressembleriez à ce
« despote persan, Xerxès, qui voulut enchaî-
« ner la mer. Ah ! nous oserions vous le dire,
« si vous ne le saviez pas : le plus grand thau-
« maturge, de nos jours, serait impuissant à
« faire rétrogader l'ombre sur le cadran de l'o-
« pinion, comme sur l'horloge d'Achas !

« Abrégons. Dans la formule du pouvoir, la
« force égale l'unité. Cette querelle est donc une
« chose déplorable. Nous n'avons pas qualité
« pour prononcer entre les deux contendants ;
« mais si nous avions un peu de cette sagesse
« qui préside parfois aux jugements des hom-

« mes, nous dirions, d'un côté : Rien n'est plus
« vénérable, rien n'est plus sacré dans le monde
« que la religion et cet empire souverain qu'elle
« doit exercer sur lui, parce que la racine des
« nations n'est pas, comme celle des plantes,
« tournée du côté de la terre, mais vers le ciel,
« d'où elle tire sa sève nourricière.

« Et de l'autre, nous affirmerions que si la
« Providence voulait condamner un gouverne-
« ment aux travaux forcés, elle ne pourrait lui
« imposer de plus gênantes, de plus dures en-
« traves que celles que lui créent les oppositions
« du pouvoir spirituel organisé. Car il nous
« semble voir cette roue d'Ezéchiel, qui était
« au milieu d'une autre roue, avec cette diffé-
« rence que celle du clergé refuse de marcher,
« comme dans le prophète, avec celle de l'Etat
« où elle est emboîtée.

« Puis, empruntant la voix d'un de ces grands
« orateurs dont la physionomie domine toute
« une époque, nous nous écrierions avec lui :
« *Ministres de l'Eglise, ministres des rois, mi-*
« *nistres du Roi des rois, les uns et les autres,*
« *quoique établis d'une manière différente ; ah !*
« *pourquoi vous divisez-vous ? O plaie du chris-*
« *tianisme !*

« Mais, nous le répétons, nous n'avons pas

« qualité pour nous établir juge. Nous avons
« voulu seulement appuyer nos lettres et la dis-
« tinction qui en fait la force. Sans doute, si
« nos adversaires s'étaient rappelé la maxime
« de Jésus-Christ même : *A César ce qui est à*
« *César, et à Dieu ce qui est à Dieu*, ils ne nous
« auraient pas fait un crime d'avoir répété,
« mais en d'autres termes, ce que Bossuet dit
« bien mieux que nous, dans ce beau passage :
« *Quelle a été la puissance de l'Eglise, lorsque,*
« *heureuse de dispenser les trésors du ciel, elle*
« *ne songeait pas à disposer des choses inférieures*
« *que Dieu n'avait pas mises en sa main !* (Dis-
« cours sur l'unité de l'Eglise.)

« Terminons. Nous ne pouvons pas dire,
« ainsi qu'un prophète : *Aspiciebam ergò in*
« *visione noctis;* mais nous avons vu clairement,
« distinctement, dans une vision de jour, d'un
« côté, le Rubicon des droits du Pays passé
« par l'Eglise, et de l'autre la terrible Vérité
« lui apparaissant au milieu du buisson ardent
« des révolutions. Et nous nous sommes dit,
« ainsi que Jonas : Il faut avertir Ninive, dus-
« sions-nous passer trois jours dans le ventre
« de la calomnie !

« C. THIONS. »

Ce fut après cette réponse que les notables habitants de toutes les paroisses du canton de la Chapelle votèrent à M. Thions l'adresse suivante :

« Octobre, 1844.

« MONSIEUR L'ABBÉ ,

« Nous aurions hésité plus longtemps à trou-
« bler le calme de vos méditations ; mais, à côté
« de la crainte d'offenser votre modestie, se
« trouve celle de manquer à un devoir : la pre-
« mière ne pouvait l'emporter en nous sur la
« seconde.

« Nous venons donc, Monsieur l'abbé, vous
« féliciter, avec la France entière, de la haute
« pénétration qui vous a fait discerner ses véri-
« tables tendances, et du noble courage avec
« lequel vous avez su vous y associer.

« Vous avez admirablement compris, selon
« nous, que l'esprit nouveau de notre grande
« époque exigeait impérieusement que le clergé
« s'identifiât, dans les limites de son devoir,
« aux destinées de son pays, et qu'il renonçât
« désormais à substituer les haines et les divi-

« sions de l'intolérance à la charité chrétienne
« qui doit relier tous les membres de la grande
« famille de Jésus-Christ.

« Ce n'est pas tout : en refusant de joindre
« votre signature à celles de vos confrères, dans
« la question qui soulève tant de haines, vous
« leur avez insinué que des protestations par
« écrit, de la part des citoyens, contre les dé-
« cisions des trois pouvoirs qui les régissent,
« n'étaient pas seulement une inconséquence po-
« litique, mais encore une entrave à la marche
« du progrès social et une impasse devant le
« Gouvernement.

« Vous ne pouviez manquer, du reste, de
« préférer aux dangereuses exagérations de l'ul-
« tramontanisme la sagesse de nos libertés gal-
« licanes, puisque vous unissiez, dans la per-
« sonne du prêtre, le disciple intelligent de la
« religion au citoyen zélé pour son pays et pour
« les institutions qui en font la gloire.

« Honneur donc à vous, Monsieur l'abbé,
« pour cette prévoyante raison qui est la vôtre !
« Si nous mêlons aujourd'hui nos faibles voix
« dans ce concert de louanges qu'une équitable
« et universelle appréciation de votre conduite
« et de vos talents fait retentir autour de vous,
« gardez-vous de croire que nous y soyons

« poussés par l'entraînement général ; nous ne
« faisons, en cela, qu'exprimer les sentiments
« particuliers de notre juste admiration.

« Agréez, Monsieur l'abbé, l'assurance de
« notre respect et de nos bien vives sympa-
« thies. »

M. Thions répondit aux habitants de son
canton :

*A Messieurs les Habitants du cantón de la Chapelle-
de-Guinchay.*

« MESSIEURS,

« C'est un beau jour pour moi que celui où
« m'arrivent, dans la solitude, vos honora-
« bles et bienveillantes sympathies ; mais la jus-
« tice ne me permet d'accepter de vos hom-
« mages que les encouragements dont vous
« voulez bien soutenir mes faibles efforts. Vous
« l'avez pensé ainsi que moi : c'est à côté, et
« non dans la route de l'esprit humain, qu'on
« peut trouver les précipices ; car, il faut bien
« le reconnaître, il y a aussi dans ce travail
« incessant et universel de Dieu en nous, par

« lequel il pousse les sociétés vers leur perfec-
« tion relative, quelque chose de surhumain
« qui a des droits à notre culte. Interrogeons,
« du reste, le but final du Créateur : n'est-il pas
« de conduire, d'élever les hommes à la res-
« semblance, à la grande image de son unité,
« et par conséquent de bannir d'entre eux,
« d'en déraciner successivement l'esprit d'ex-
« clusion, de faux zèle et d'intolérance ? Si j'ai
« refusé, avec un petit nombre de gallicans, de
« m'enrôler dans cette croisade aventureuse,
« provoquée par le jésuitisme, tout mon secret
« a été de distinguer, avec la Nature, le passé
« du présent, et de comprendre qu'il ne fallait
« pas intervertir les époques. Il est fâcheux que
« tous ne veuillent pas conjuguer de même, et
« apercevoir qu'il y a des ruines derrière l'exagé-
« ration des principes. Au souhait que je forme
« avec vous, pour que cette vérité soit mieux
« sentie, je me permettrai d'ajouter encore un
« vœu : c'est que la Providence dirige ce grand
« débat à la gloire de la religion et à l'intérêt
« moral des peuples.

« Agréez, Messieurs, avec mes remercîments,
« l'assurance de ma considération la plus dis-
« tinguée.

« Thions. »

Cette polémique fut la cause secrète de la disgrâce de M. Thions. On ne voulut pas le frapper dans ce moment où les journaux discutaient et où la France assistait au grand débat soulevé entre le Conseil royal de l'instruction publique et les évêques, pour la question si vitale de l'enseignement; on attendit un moment plus opportun. Deux ans et demi après, à l'entrée de l'hiver, à l'époque où les inondations de la Loire, la cherté des subsistances, les préoccupations politiques produisaient une période exceptionnelle pour le pays, l'évêque d'Autun envoya un de ses grands-vicaires à M. l'abbé Thions, pour le sommer, au nom de son chef spirituel, de signer immédiatement la profession de foi de Pie IV, ou de remettre les clefs de son église. Mais M. Thions, enfermé dans ce cercle de Popilius, en est sorti en remettant ces clefs. C'est ce que devait faire un homme de cœur. On lui donna quatre jours pour déménager, et le dimanche suivant son successeur fut installé.

M. Thions, obligé, sous peine de subir de mauvais soupçons, d'expliquer à ses paroissiens les causes de son éloignement, le fit en ces termes :

« Mes chers paroissiens,

« Je dois à vous et je dois à moi-même de
« vous expliquer, en peu de mots, les motifs de
« la démission soudaine que je viens de donner
« de mon ministère. Il ne faut ni pour vous,
« ni pour moi, ni pour la religion, que de
« fausses interprétations s'attachent à cet acte.
« Vous avez été les témoins de ma vie, vous
« devez être les confidents de la résolution
« qui la brise.

« Je vivais, depuis seize ans, au milieu de
« vous, cherchant, dans la mesure de ma foi
« et dans la convenance de mon sacerdoce, à
« vous édifier de ma parole et à vous diriger
« dans la voie de Dieu. Tout-à-coup, et sans
« avertissement préalable, un grand-vicaire de
« Mgr l'évêque d'Autun descend dans votre
« commune, se présente chez moi, une for-
« mule de foi à la main, et me dit, au nom
« de mon supérieur spirituel : « Signez cette
« profession de foi ou remettez les clefs du
« sanctuaire, et ne repassez plus le seuil de

« voire église. » Sans hésiter un instant, sans
« examiner et sans discuter les termes de cette
« profession de foi, mais ne considérant, dans
« cette sommation, que deux choses, l'abus
« d'autorité qui vient sonder à toute heure le
« secret de la conscience, et la contrainte mo-
« rale exercée contre un prêtre à qui l'on donne
« à choisir entre la profanation de sa pensée
« et la perte de son pain, j'ai choisi de perdre
« mon pain. J'ai racheté la complète indé-
« pendance de ma conscience au prix de ma
« profession sur la terre; et, tout en m'affli-
« geant d'être séparé de vous, j'ai remercié le
« Ciel de m'avoir fait reconquérir à ce prix la
« liberté des enfants de Dieu. J'ai remis respec-
« tueusement la clef de mon église, et je me suis
« jeté aveuglément dans les bras de cette Provi-
« dence qui sait seule ce qu'elle veut de nous.
« Sans doute, mes chers paroissiens, il m'en
« coûte beaucoup de m'éloigner de cette fa-
« mille spirituelle dans le sein de laquelle j'ai
« passé tant d'années obscures et paisibles de
« ma vie; mais vous auriez cessé de m'estimer
« si j'avais acheté par une complaisance équi-
« voque le bonheur de finir mes jours au mi-
« lieu de vous, et j'aurais perdu ma propre es-
« time si je m'étais engagé à enchaîner dans les

« liens d'une formule arbitraire une pensée qui
« n'est sainte qu'à la condition de rester libre,
« et dont je n'aurais pas à me glorifier devant
« Dieu si je ne pouvais la discuter avec ma
« raison (1).

« Tels sont, mes chers paroissiens, les cir-
« constances et les motifs de l'éloignement subit
« qui vous étonne et qui m'afflige. A Dieu ne
« plaise que je vous les expose dans l'intention
« de tourner votre étonnement et mes peines en
« accusation contre mes supérieurs ecclésiasti-
« ques! Ils ont agi dans la plénitude de leur pru-
« dence, comme moi dans la plénitude de ma
« liberté. Les devoirs contraires se heurtent
« quelquefois, mais se comprennent. Le meil-
« leur moyen de me prouver votre amour, sera
« de partager mon silence et ma soumission.

« Je sors de votre église, non comme un
« transfuge mécontent et qui secoue la pous-
« sière de ses pieds, mais comme un fils volon-
« tairement banni, qui, en quittant la maison
« de sa mère, se retourne toujours vers ses frères
« avec un souvenir de reconnaissance et de
« bénédiction.

(1) *Rationabile obsequium vestrum.* (Saint Paul.)

« Recevez, avec les adieux d'un ami, l'assu-
« rance de son éternel dévouement.

« C. Thions. »

« Chânes, le 28 octobre 1846. »

Cette lettre fut répétée par un grand nombre de feuilles publiques. *L'Univers religieux* fut dur pour M. Thions, qui lui adressa la réponse sui-vante :

« Monsieur ,

« Il aurait manqué quelque chose à mon
« affliction , si des interprétations équivoques
« ne se fussent attachées à l'acte pénible que je
« viens d'accomplir. Toutefois, ce n'était pas
« de vous que je les attendais. Vous êtes un
« journal religieux. Qui dit religion, dit justice,
« indulgence, charité, commisération même.
« Vous revendiquez pour vous la liberté des
« consciences contre les empiétements des pou-
« voirs temporels; j'ai maintenu, en ma per-
« sonne, cette liberté contre les exigences des
« pouvoirs spirituels. On peut blâmer, doit-on

« flétrir ? La conscience, libre et inviolable d'un
« côté, doit-elle être méconnue et contrainte
« de l'autre ? Est-ce là le sens que vous donnez
« au mot de liberté dans votre bouche ? est-ce
« là la justice des partis religieux? est-ce là l'in-
« dulgence des vrais chrétiens ? Puissiez-vous
« n'avoir jamais, Monsieur, dans de mauvais
« jours, à demander en vain à des partis into-
« lérants et oppresseurs cette liberté, cette im-
« partialité, cette justice que vous me refusez
« si sévèrement aujourd'hui ! Je ne suis qu'un
« pauvre prêtre, seul contre tous; mais ma fai-
« blesse et mon isolement même devraient
« peut-être vous rendre plus indulgent pour
« moi.

« M. l'abbé Thions, dites-vous, s'est enfin
« attiré quelque *fâcheuse affaire.* Ce mot est
« ambigu, et risquerait de flétrir le sacerdoce
« plus que moi. Cette fâcheuse affaire, Mon-
« sieur, vous la connaissez. J'avais refusé, il y a
« trois ans, de faire, avec quelques-uns de mes
« confrères, une manifestation contre l'ensei-
« gnement de l'Etat. Je crus et je crois encore
« que l'enseignement laïque du siècle appar-
« tient au siècle, que la famille doit choisir les
« maîtres de sa jeunesse, et que, pour lui lais-
« ser la liberté de ce choix, aucun monopole

« légal ou sacerdotal ne doit envahir exclusive-
« ment le terrain libre et vaste des divers en-
« seignements. Je me trompais peut-être ; je fus
« réprimandé par les organes du clergé ; je me
« tus. Après trois ans de silence, de ministère
« et de vie irréprochable dans mon presbytère,
« on est venu tout-à-coup, à l'issue du service
« divin, me demander, au vu et au su de tout
« le peuple, de signer un symbole de foi, ou de
« remettre à l'instant les clefs de mon église,
« comme si quelque énorme scandale me ren-
« dait indigne de porter la prière du peuple à
« Dieu. J'ai remis les clefs. Je vous estime assez
« pour croire que vous auriez fait comme moi.
« La dignité de l'homme n'est-elle donc pour rien
« dans la dignité du prêtre ? Je pense, moi, que
« l'Eglise est une monarchie, non une tyrannie ;
« que le prêtre doit l'obéissance aux évêques,
« et non la servitude. — Vous auriez pu signer,
« me dit-on, si ce qu'on vous demandait était
« innocent. Y a-t-on réfléchi ? L'aumône est
« innocente aussi ; elle est plus, elle est une
« vertu : le devoir de tout chrétien est de la
« faire. Si cependant un malheureux vous de-
« mandait l'aumône l'arme à la main, en vous
« disant : « Donne ou meurs ; » que feriez-vous ?
« Vous refuseriez comme contraint ce que vous

« auriez offert comme libre. On m'a placé dans
« cette alternative violente ; on m'a dit : « Con-
« fesse telle foi, ou sors de ta maison, et va-t-en
« sans profession, sans paroisse, sans pain sur
« terre. » Je suis sorti de ma maison. Voilà, selon
« vous, la fâcheuse affaire. Voilà, selon moi et
« selon tout homme de caractère et de con-
« science, l'excuse et peut-être l'honneur de
« ma situation.

« Ai-je cependant élevé la voix pour me plain-
« dre ? ai-je récriminé ? ai-je blâmé mon évê-
« que, qui me jetait ainsi, à l'entrée de l'hiver,
« à la porte de mon seul asile ? Non, Monsieur ;
« j'ai pu m'offenser du mode, je n'ai point
« accusé l'esprit. Je me suis dit, et j'ai dit aux
« autres : Il a écouté sa conscience. Je lui étais
« apparemment suspect. Il a agi dans la *pléni-*
« *tude de sa prudence.* Le coup qui me frappe
« est tombé durement, mais il est tombé juste.
« Le joug trop étroit me pesait, on me l'a brisé
« sur la tête. Je ne murmure pas. Le coup qui
« me frappe me délivre : que Dieu et la main
« dont il se sert soient bénis !

« Et voilà, Monsieur, ce que vous appelez
« encore mon aventure, employant ainsi un
« terme communément appliqué à la qualifica-
« tion honteuse des scandales de mœurs pour

« qualifier un acte de conscience et d'abnéga-
« tion. Oui, Monsieur, j'accepte le mot, en lui
« donnant, comme l'ont fait tous mes parois-
« siens, son véritable sens. C'est l'aventure de
« tous les hommes pieux qui ont préféré la con-
« science à la considération, et la liberté au pain.
« C'est l'aventure des bannis de la révocation
« de l'édit de Nantes, qui sortirent de leurs
« foyers et de leur patrie, en y laissant leurs
« biens pour sauver la liberté de leur foi.

« Vous finissez, Monsieur, en mettant en
« doute mon bon sens, et en me déclarant
« légitimement suspect d'un peu de démence.
« Je ne proteste pas. Ce siècle a, en effet, la fo-
« lie de tendre évidemment, par tous ses efforts,
« toutes ses aspirations, par tous ses sacrifices,
« à réunir dans un saint acte de foi Dieu et la
« raison, la tradition et l'examen, le passé et
« l'espérance des âmes. Il a la folie de vouloir
« que sa raison soit religieuse, et que sa religion
« soit raisonnable. La raison sans foi lui semble
« profane; la foi sans raison lui semblerait té-
« nébreuse. Il veut à tout prix les concilier pour
« sanctifier son intelligence par la religion,
« comme la religion a sanctifié ses actes par la
« vertu. Eh bien ! Monsieur, je le confesse, je
« suis plus ou moins malade de la maladie de

« mon siècle, plus ou moins atteint de cette
« religieuse folie. Mais souvenez-vous que vous
« honorez vous-même de cette glorieuse injure
« les plus célestes doctrines qui aient jamais
« éclairé et consolé la terre. Ce fut la folie de la
« croix, quand le christianisme naissant triom-
« phait des superstitions légales du monde! Ce
« fut la folie de la liberté, quand elle triompha
« du despotisme! Ce sera un jour la folie de la
« raison religieuse du monde, triomphant de
« l'indifférence et de l'intolérance à la fois, en
« rapprochant de plus en plus dans la lumière,
« Dieu de l'humanité et l'humanité de Dieu!

« C'est pour cette sainte folie, Monsieur, qu'il
« sera beau de mourir un jour, et qu'il est déjà
« si doux de souffrir et de pardonner.

« J'ai l'honneur d'être avec une haute con-
« sidération, Monsieur, votre très humble et très
« obéissant serviteur,

« C. Thions.

« Chânes, le 15 novembre 1846. »

Pendant cet échange de lettres entre *l'Univers religieux* et M. Thions, les habitants de Chânes adressaient à leur ancien curé la lettre suivante:

« Monsieur le Curé,

« Vous nous connaissez, nous sommes des
« gens simples, des cultivateurs pour la plupart,
« et nous n'entendons rien aux affaires. Ce que
« nous comprenons, ce sont les bons préceptes,
« les bons exemples que vous nous donnez
« depuis seize ans.

« Il y a toujours eu bons rapports, bonne
« amitié dans la paroisse, de votre temps. Tous
« les jours, vous alliez secourir et consoler des
« misères au nom de la religion. Nous vivions
« ainsi en paix, lorsque vous nous annoncez
« qu'un ordre de Monseigneur vous oblige à
« nous quitter. Nous sommes plus malheureux
« que vous : nous perdons un ami de seize ans,
« un consolateur dans toutes nos peines.

« Recevez, Monsieur le Curé, avec bonté,
« l'expression de notre reconnaissance. Nous
« nous efforcerons, quoi qu'il nous en coûte, d'o-
« béir à votre dernier adieu et à votre dernière
« prière. Nous respecterons votre successeur,
« nous étoufferons tout murmure contre l'auto-
« rité supérieure, qui, en vous frappant si dure-
« ment, nous a tous frappés dans votre per-
« sonne.

« Permettez-nous donc, Monsieur le Curé, de
« vous adresser nos adieux et nos regrets. Que
« la bénédiction de Dieu vous accompagne dans
« votre chagrin, vous qui nous avez si souvent
« bénis dans nos privations, dans nos mau-
« vaises récoltes et dans nos maladies. Que la
« Providence veille sur vous, comme vous avez
« veillé sur nous. Nous ne vous oublierons
« jamais. »

(Suivent les signatures de tous les habitants.)

Maintenant nous nous permettrons d'adresser au lecteur quelques questions :

A une époque où la loi civile, où le pacte fon-
damental, accordent protection et justice à tous
les droits, la loi ecclésiastique doit-elle rester en
arrière de ce mouvement des sociétés humaines ?

Un chef spirituel a-t-il le droit de destituer
son inférieur, sans discussion préalable, sans
forme de procès, sans défenseurs, pour dissiper
la calomnie ?

Jusqu'à quel point le concordat peut-il laisser
à un évêque la faculté d'exercer son bon plaisir
et sa vengeance ?

Un prêtre cesse-t-il d'être citoyen français, du jour où il reçoit l'ordination, et un despotisme sans contrôle peut-il briser la carrière de ce prêtre, le calomnier, le mettre hors la loi commune et lui enlever son pain ?

C'est à la sagesse de nos Législateurs et du Gouvernement à modifier un tel état de choses; mais, d'ici là, n'est-ce pas au pays à prendre sous sa protection celui qui a été victime de nobles et courageuses manifestations en faveur de la liberté de conscience, et des droits de l'esprit humain ?